Poussin / Aloys

ZIGZAG ZOUG

Edition Moderne

FLUPKETTE, BUDDY, QUICKETTE & FLAPPO IN:
VORWORT
HAST DU DEN TYP DORT GESEHEN?
PSSSST! DAS IST EIN DEUTSCHSCHWEIZER VERLEGER, DER MIT UNS EIN BUCH MACHEN WILL
IN DER TAT, LIEBE LESER, HIER, WEIT IM OSTEN DER SCHWEIZ, WIRD SICH ALLES ENTSCHEIDEN
EIN DEUTSCHSCHWEIZER VERLEGER? ICH WUSSTE GAR NICHT, DASS ES DORT BÜCHER HAT
UNWISSENDER:
GUTEMBERG SELBER WAR DEUTSCHSCHWEIZER
EIN DEUTSCHSCHWEIZER VERLEGER! WELCHES GLÜCK! ICH WOLLTE SCHON LANGE IN PFÄFFIKON LEBEN
KOMM ZURÜCK, QUICKETTE!
TSCHULDIGUNG, HERR VERLEGER, WAS GEFÄLLT IHNEN AN UNSEREN DUMMEN GESCHICHTEN? HIER WOLLEN SIE UNS DAFÜR EINSPERREN
SO VERRÜCKT SIND WIR GAR NICHT
WAHRLICH! WER ACHT GROSSE BIER IN EINER STUNDE TRINKEN KANN
...UND FÜR DEINE SCHÖNEN AUGEN GIBT ES DREI SELBSTMORDE PRO TAG
NUR MACHOS NATÜRLICH, ABER..
...WENN WIR UNTERSCHREIBEN, KÖNNEN WIR UNS...
...FREIBIER UND JENE FLIPPER LEISTEN.
ALSO, LEUTE, WIE STEHT'S, MACHEN WIR DIESES BUCH ODER NICHT?
WARUM NICHT, BUDDY?
GOETHE WURDE AUCH GEDRUCKT...
...OBWOHL ER NICHT ZEICHNEN KONNTE
KLAR! WIR LERNEN DEUTSCH UND FLIPPEN TEUTONISCH AUS
ES LEBE RUSSLAND!
GAR NICHT ÜBEL, DER KLEINE BLONDE
REISS DICH ZUSAMMEN, QUICKETTE
RÄUSPER! MMH! OB DIE WIRKLICH EIN BUCH WERT SIND?
BAH! LASST UNS MAL SEHEN
Poussin & Aloys

POUSSIN

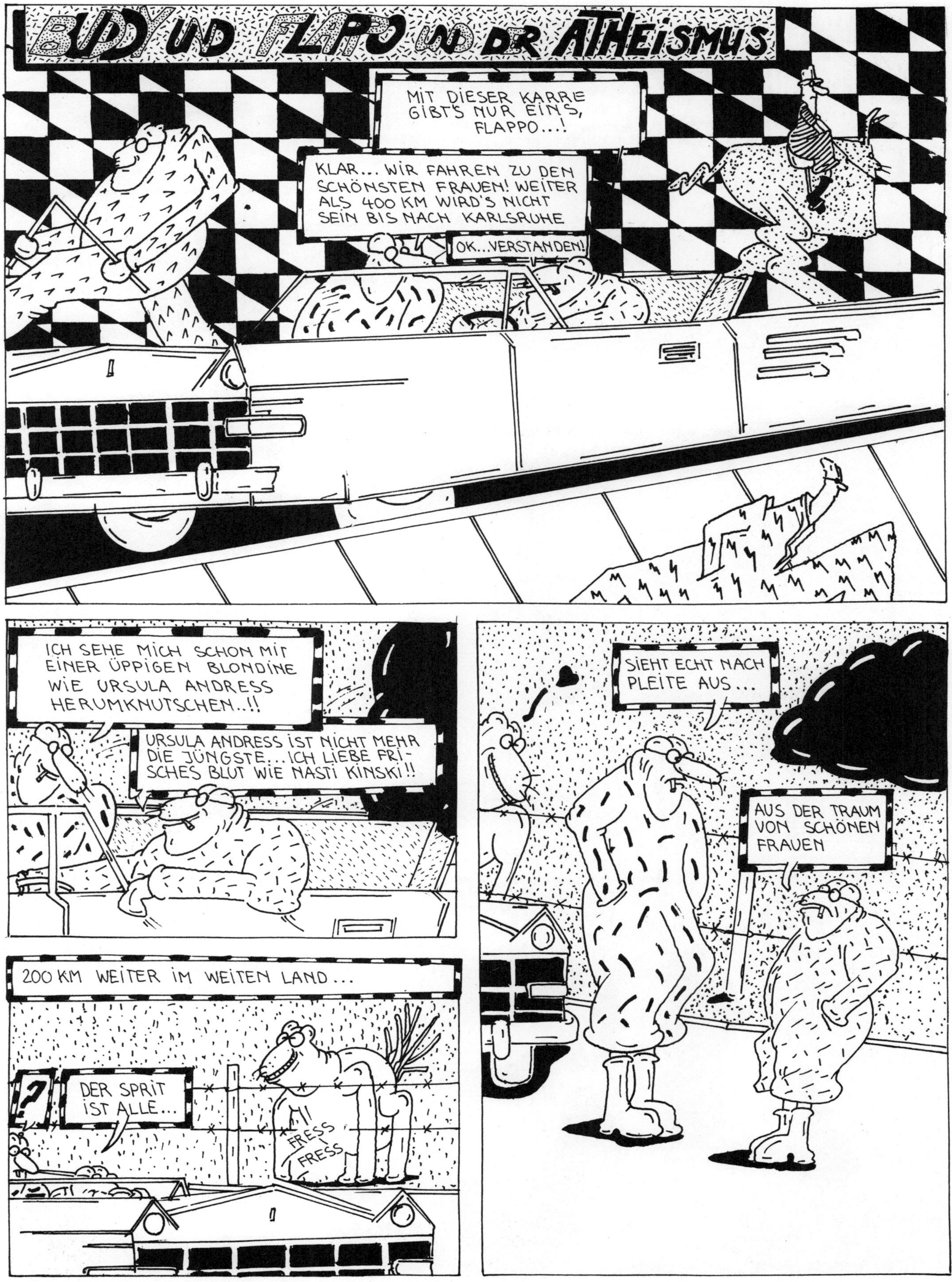
BUDDY UND FLAPPO UND DR ATHEISMUS
MIT DIESER KARRE GIBT'S NUR EINS, FLAPPO...!
KLAR... WIR FAHREN ZU DEN SCHÖNSTEN FRAUEN! WEITER ALS 400 KM WIRD'S NICHT SEIN BIS NACH KARLSRUHE
OK...VERSTANDEN!
ICH SEHE MICH SCHON MIT EINER ÜPPIGEN BLONDINE WIE URSULA ANDRESS HERUMKNUTSCHEN..!!
URSULA ANDRESS IST NICHT MEHR DIE JÜNGSTE... ICH LIEBE FRISCHES BLUT WIE NASTI KINSKI!!
200 KM WEITER IM WEITEN LAND...
DER SPRIT IST ALLE...
FRESS FRESS
SIEHT ECHT NACH PLEITE AUS...
AUS DER TRAUM VON SCHÖNEN FRAUEN

SEIT GUT 10 KM GEHEN WIR JETZT DURCH DIESE BLÖDE GEGEND OHNE EIN EINZIGES HAUS GESEHEN ZU HABEN
SCHAU FLAPPO... DORT IST EIN HAUS!
GEHEN WIR HIN UND BITTEN UM EINEN DRINK
IST DA JEMAND??
TOC! TOC! TOC! TOC!
FLAPPO... ES BEWEGT SICH ETWAS HINTER DIESER TÜR...!!
BIST DU ES IVAN? NICHTS ZU MELDEN HEUTE!
?
?
2

DU KANNST NACH MOSKAU ANRUFEN. ES HAT SICH NICHTS BEWEGT IM EIS...
HE! OPA! ES IST NICHT IVAN, DER HINTER DIR STEHT...
BEI STALIN!
FLIEHT..! FLIEHT VON HIER...! FRÖHLICHE JUGEND... SIE WERDEN EUCH FANGEN UND WIE MICH EINSPERREN
ES WAR 1919. IN EINER WISSENSCHAFTLICHEN ZEITUNG WURDE EIN ARTIKEL VON MIR PUBLIZIERT. ICH ERKLÄRTE, WIE MAN DEN GLÄUBIGEN MIT WISSENSCHAFTLICHEN VERSUCHEN BEWEISEN KANN, DASS GOTT NICHT EXISTIERT.
DAS HIESS KONKRET: NACH DER EVOLUTIONSTHEORIE HAT SICH DER MENSCH IM LAUFE VON JAHRMILLIONEN VOM PLANKTON IM MEER ÜBER DIE FISCHE, WEITER ZU DEN AMPHIBIEN, ETC, ENTWICKELT...
SO SCHLUG ICH VOR, DIE ENTSTEHUNG DER ERDE, VON DER ERSTEN EISZEIT AN, IN DIESER SCHÜSSEL NACHZUVOLLZIEHEN. SEIT 63 JAHREN STEHT SIE UNTER MEINER BEWACHUNG....
WAS ERWARTET IHR?? EINEN MAMMUT? EINEN NEANDERTALER??
NEIN, NOCH NICHT... DIESE EISZEIT WIRD 8 MILLIONEN JAHRE DAUERN WIE DIE ECHTE. DAFÜR MUSS ICH JEDEN TAG IN DIESES GROSSE BUCH EINTRAGEN, WAS PASSIERT IST!
3

UND DANN WERDEN NACH 80 MILLIONEN JAHREN EIN MANN UND EINE FRAU GEBOREN WERDEN, WAS EIN FÜR ALLE MAL DIE SCHÖPFUNGSGESCHICHTE WIDERLEGEN WIRD
MEIN UNGLÜCK WAR, DASS DIE RUSSEN DEN ARTIKEL GELESEN HABEN. SIE SPERRTEN MICH EIN UM FÜR SIE ZU ARBEITEN. DAS TUE ICH NUN SEIT 63 JAHREN, INDEM ICH HIER DEN KLUMPEN EIS ÜBERWACHE
NUN FLIEHT!... FLIEHT! BEVOR IVAN KOMMT. ER SUCHT NÄMLICH EINEN NACHFOLGER FÜR MICH...
KEINE ANGST PROFESSOR! WENN ER KOMMT SCHLAGEN WIR IHM DEN SCHÄDEL EIN
WER WILL IVAN SCHÄDEL EINSCHLAGEN?!
4
60 JAHRE SPÄTER...
FLAPPO, RUF MOSKAU AN! DAS EIS HAT SICH HEUTE NICHT GERÜHRT!!
Toussit

ANGELO UPPERCUT GEGEN JESSE GLASFASS
WARNUNG: DIESE GESCHICHTE ENTHÄLT UNGEMEIN BRUTALE SZENEN. SIE IST VOR KINDERN ZU VERSTECKEN UND SCHWANGEREN FRAUEN VORZUENTHALTEN. JEDE HAFTUNG VON SEITEN DES HERAUSGEBERS WIRD ABGELEHNT.
JA, ICH WAR ZUFRIEDEN.... DIE FRAUEN LIEBTEN MICH, DANK MEINEM ERSTKLASSIGEN MUSKELSPIEL.
ZUFRIEDEN, JA WIRKLICH ZUFRIEDEN, DENN WIEDER WAREN 5 MINUTEN VERGANGEN, OHNE DASS ICH JEMANDEN VERMÖBELT HÄTTE...
CIAO, ANGELO
ICH GING SCHNELL IN DIE TOILETTE UM MEIN TOLLES FACE ANZUSTAUNEN. ECHT SPITZE!!
DANN PLÖTZLICH.... DIE GEWALT!!
NOCH EINMAL: JEDE HAFTUNG....
WEG VON DER BAR, ZEBRA!! UNSER CHEF KOMMT!

?
HAST DU NICHT VERSTANDEN, TOLPATSCH? WEG VON DER BAR! JESSE IST DA.
MA... LOS, LOS MAUSI!!... BIST DU SCHWERHÖRIG? VERDUFTE!!!
JA, HERR, SOFORT, HERR JESSE GLASFASS!
ICH WERDE JESSE TÖTEN MÜSSEN!
KEIN PARDON FÜR DIESE BELEIDIGUNG!!
PORTIER NICHT VERGESSEN
ICH MUSS MEHR ÜBER JESSE ERFAHREN...
NUR INFO OTTO KANN DA HELFEN!
TJA, ANGELO, KLAR WEISS ICH EINIGES ÜBER OL' JESSE...
ABER, DU WEISST, WAS ICH DAFÜR WILL! HE HE HE
WAS DU VERLANGST IST HART, OTTO, SIE WIRD NICHT WOLLEN...
RUF SIE AN.... SONST KANN ICH DIR NICHT HELFEN....
47

SIE NIMMT VON HERZEN AN!
ICH WUSSTE ES! SCHON ALS WIR ZWEI ZUSAMMEN ZUR SCHULE GINGEN, WOLLTE ICH MIT DEINER MUTTER SCHLAFEN!
SO, ANGELO... ALLES WAS ICH ÜBER JESSE WEISS, IST AUF DIESEM PLAN...
?
JESSE IST, WIE SEIN NAME SAGT, AUS GLAS. ER ERNÄHRT SICH NUR VON WEISSWEIN (KRÖVER NACKTARSCH, UNGEPANSCHT) DER WEIN DURCHFLIESST SEINEN OBERKÖRPER SAMT DEM HUT, SEINEM EIGENTLICHEN GEHIRN...
EINMAL VOLL, WIRD DER HAHN IN SEINEM RÜKKEN GEÖFFNET UND DER WEIN FLIESST IN SEINEN UNTERKÖRPER, UND ER PISST.
HE, HE, HE! DANK INFO OTTOS RAT MACH ICH AUS JESSE GURKENSALAT.
JETZT MUSS NOCH 'NE VERKLEIDUNG HER!
EINE STUNDE SPÄTER...
GUTEN ABEND, SCHÖÖÖNER POOORTIER!
ICH HAB'S GEWUSST... DIE SCHÖNSTEN FRAUEN GRÜSSEN MICH!
SCHNELL REIN, SOLANGE ER NUR AUGEN FÜR DIE DAME HAT!

NUN ZU UNS ZWEI JESSE! HE, HE!
ANGELO, ANGELA, SO SCHARF BIST NUR DU...
UND STECKT NUN ENDLICH DIE KINDER INS BETT!
HE! DAS SCHÖNSTE MÄDCHEN DER GANZEN WELT!
SIE SIND SO LECKER WIE EIN DOPPELDECKER...
OH!.. EIN DICHTER... ICH BIN FLATTIERT!....
WIE KANN MAN NUR SOO SCHÖN SEIN?!
"ENTENFETT MACHT SANFT UND NETT!"
ICH GEHE MAMA! ICH LIEBE ONKEL WILLI...
SIE ERLAUBEN, MEINE LIEBE, ICH MUSS SCHNELL AUSTRETEN...?
ES IST ZEIT. ER TANKT SICH AUF!!
ABER NATÜRLICH, BITTE!
4

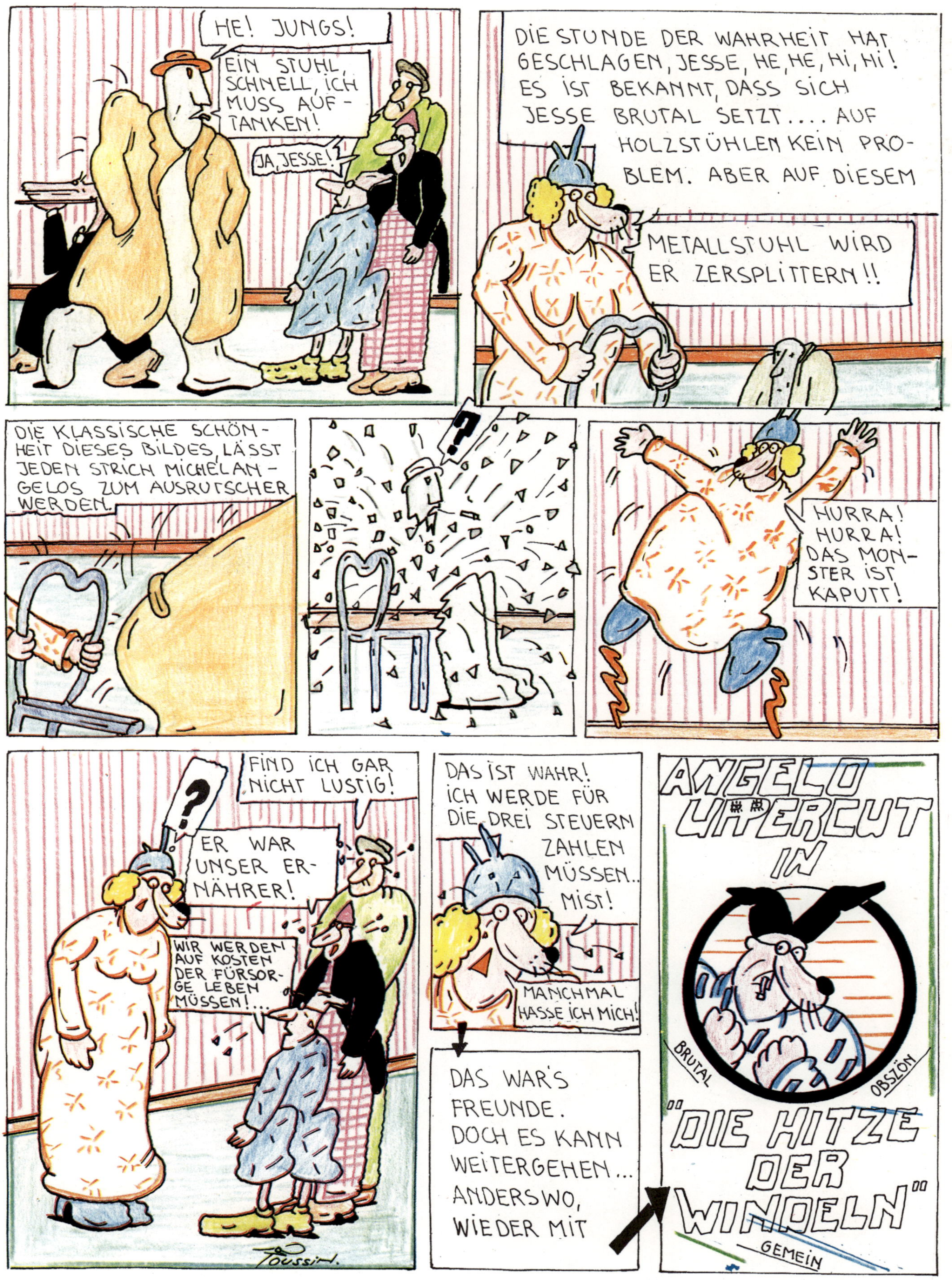
HE! JUNGS!
EIN STUHL, SCHNELL, ICH MUSS AUFTANKEN!
JA, JESSE!
DIE STUNDE DER WAHRHEIT HAT GESCHLAGEN, JESSE, HE, HE, HI, HI! ES IST BEKANNT, DASS SICH JESSE BRUTAL SETZT.... AUF HOLZSTÜHLEN KEIN PROBLEM. ABER AUF DIESEM
METALLSTUHL WIRD ER ZERSPLITTERN!!
DIE KLASSISCHE SCHÖNHEIT DIESES BILDES, LÄSST JEDEN STRICH MICHELANGELOS ZUM AUSRUTSCHER WERDEN.
?
HURRA! HURRA! DAS MONSTER IST KAPUTT!
?
FIND ICH GAR NICHT LUSTIG!
ER WAR UNSER ERNÄHRER!
WIR WERDEN AUF KOSTEN DER FÜRSORGE LEBEN MÜSSEN!...
DAS IST WAHR! ICH WERDE FÜR DIE DREI STEUERN ZAHLEN MÜSSEN.. MIST!
MANCHMAL HASSE ICH MICH!
DAS WAR'S FREUNDE. DOCH ES KANN WEITERGEHEN... ANDERSWO, WIEDER MIT
ANGELO UPERCUT IN
BRUTAL
OBSZÖN
"DIE HITZE DER WINDELN"
GEMEIN

DER POET UND DER VERDAMMTE
DIE LANDSCHAFT DUFTETE WUNDERBAR. TIEF ATMETE DER DICHTER DIE KÖSTLICHE LUFT EIN, AUSSCHAU HALTEND NACH EINEM SCHÖNEN PLÄTZCHEN, WO ER SICH IN MUSSE HEINZWALTER GRIFFS POESIEALBEN WIDMEN KÖNNTE.
ZU DIESER ZEIT ABER ZERTRAMPELTE DER VERDAMMTE MIT DRECKIGER FREUDE DIE SCHÖNSTEN BLUMEN.
OH WELCH SANFTE WÖLBUNG DER NATUR! HIER WILL ICH MICH NIEDERLASSEN, DACHTE DER POET.
AUF DER ANDERN SEITE DES HÜGELS KAM DER VERDAMMTE DAHER UND SAGTE SICH: GENAU RICHTIG, UM DAS ZU TUN, WAS ZU TUN IST!

SO FAND DER DICHTER DIE UNGEMEIN NÖTIGE HARMONIE, UM IN RUHE DIE SINNIGEN GEDICHTE ZU KOSTEN.

WÄHRENDDESSEN DRÜCKTE DER VERDAMMTE HINTER DEN BÜSCHEN EINEN GROSSEN HAUFEN SCHEISSE RAUS.

SO KAM ES, DASS KURZ DARAUF UNSER POET VON EINEM FLIEGENSCHWARM BELÄSTIGT WURDE. HALS ÜBER KOPF FLOH ER, SEIN BUCH VERGESSEND.

WELCH EIN GLÜCKLICHER ZUFALL FÜR DEN VERDAMMTEN. NUN HATTE ER BÜTTENPAPIER ZUM POPO POLIEREN.

DEM POLIZISTEN ERZÄHLTE DER AUFGESCHRECKTE POET SEINE ÄRGERLICHE GESCHICHTE.

DIESER, EIN PASSIONIERTER HOBBYFISCHER, LIES SICH DIE GELEGENHEIT NICHT ENTGEHEN UND GING OHNE BANGEN FLIEGEN FANGEN UND DANN ANGELN.

2

DER POET WAR MASSLOS ENTTÄUSCHT. IHM WAR ZUM ERSTEN MAL UNGERECHTIGKEIT WIDERFAHREN.
?
DOCH WÄHREND ER DAHINGING, KLOPFTE IHM DER VERDAMMTE AUF DIE SCHULTER. ER HATTE ES SATT, VERDAMMT ZU SEIN.
NACHDEM ER SEINE UNGLÜCKLICHE JUGEND ERZÄHLT HATTE, LUD IHN DER DICHTER ZU SICH EIN.
UND SO FANDEN SIE SICH IM BETT UND LIEBTEN SICH ZÄRTLICH.
DA NAHTE VON DRAUSSEN REUMÜTIG DER POLIZIST MIT EINEM GROSSEN LEBENDEN HECHT.
DAS APFELMUS MIT HÖRNLI IST BEREIT!
DER HECHT BAT UM SEIN LEBEN UND WOLLTE DAFÜR VON NUN AN DEN HAUSHALT FÜHREN. DER POLIZIST WAR INZWISCHEN INS BETT GESCHLÜPFT.
UND WENN SIE NICHT GESTORBEN SIND, LIEGEN SIE HEUTE NOCH IM BETT UND GENIESSEN DEN EINWANDFREIEN SERVICE.
FRAGST DU DICH NACH DEM SINN DER GESCHICHTE?
JA, IST DIR DENN H.W. GRIFF KEIN BEGRIFF, BANAUSE?!

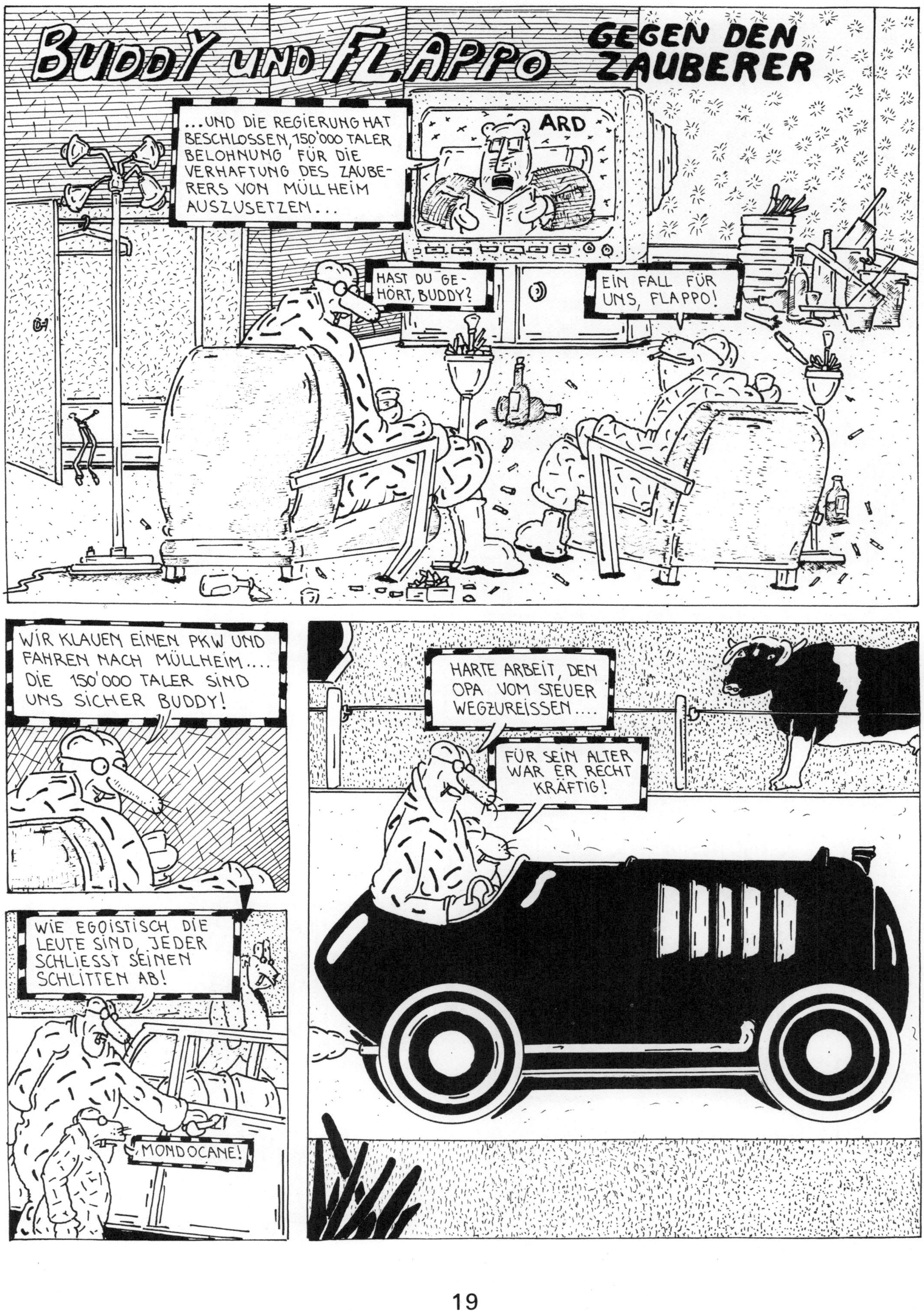
BUDDY UND FLAPPO GEGEN DEN ZAUBERER
...UND DIE REGIERUNG HAT BESCHLOSSEN, 150'000 TALER BELOHNUNG FÜR DIE VERHAFTUNG DES ZAUBERERS VON MÜLLHEIM AUSZUSETZEN...
ARD
HAST DU GEHÖRT, BUDDY?
EIN FALL FÜR UNS, FLAPPO!
WIR KLAUEN EINEN PKW UND FAHREN NACH MÜLLHEIM.... DIE 150'000 TALER SIND UNS SICHER BUDDY!
WIE EGOISTISCH DIE LEUTE SIND, JEDER SCHLIESST SEINEN SCHLITTEN AB!
MONDOCANE!
HARTE ARBEIT, DEN OPA VOM STEUER WEGZUREISSEN....
FÜR SEIN ALTER WAR ER RECHT KRÄFTIG!

ENDLICH.. WIR SIND AM ZIEL.. AUF DEM SCHILD STAND MÜLLHEIM SEI DIE DEUTSCHE ZENTRALE FÜRMÜLLVERWERTUNG
FANTASTISCH! WIR INVESTIEREN DIE 150'000 TALER IN EINE SHREDDERANLAGE
BITTE SCHÖN... WO WOHNT DER ZAUBERER...?
ALSO!... AN DER NÄCHSTEN ECKE LINKS UND DANN ALLES GERADEAUS!!
NUN ZU DIR, ZAUBERER... DU GOLDSCHATZ!!
DA KOMMT EINER, DER ES NICHT GESCHAFFT HAT...
DER KLEINE ZAUBERLEHRLING
BUDDY, WIR MÜSSEN HEIMLICH DURCH DEN GARTEN, UM DIE VILLA RUMSCHLEICHEN, DANN AUF DAS DACH STEIGEN UND DEN KAMIN RUNTERRUTSCHEN. DAS IST DIE EINZIGE MÖGLICHKEIT.
DU BIST STÄRKER ALS PROTEINNAHRUNG
2

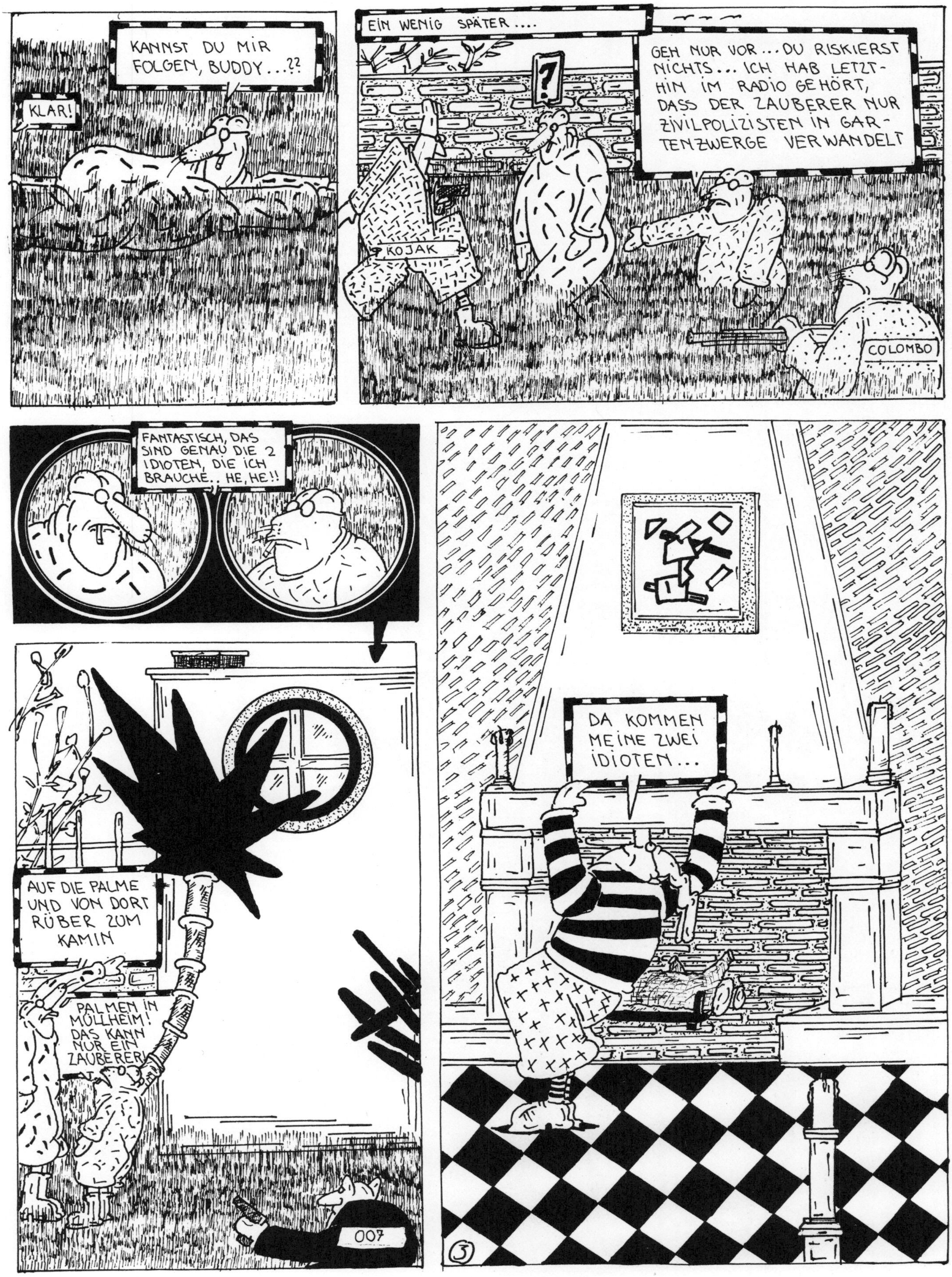
KANNST DU MIR FOLGEN, BUDDY...??
KLAR!
EIN WENIG SPÄTER....
GEH NUR VOR... DU RISKIERST NICHTS... ICH HAB LETZTHIN IM RADIO GEHÖRT, DASS DER ZAUBERER NUR ZIVILPOLIZISTEN IN GARTENZWERGE VERWANDELT
?
KOJAK
COLOMBO
FANTASTISCH, DAS SIND GENAU DIE 2 IDIOTEN, DIE ICH BRAUCHE.. HE, HE!!
DA KOMMEN MEINE ZWEI IDIOTEN...
AUF DIE PALME UND VON DORT RÜBER ZUM KAMIN
PALMEN IN MÜLLHEIM! DAS KANN NUR EIN ZAUBERER!
007
3

ICH WERDE SO TUN, ALS OB MEINE ZAUBER-KRAFT WIRKUNGS-LOS SEI!
ICH BIN DURCH, FLAPPO... DER ZAUBERER GE-HÖRT MIR!
AUF ZUM... AUF ZUM... AUF ZUM KAMPF!!
VERDAMMTE DIESER ERDE, VÖL-KER HÖRET DIE SIGNALE...
GIB AUF, ZAUBERER, DU HAST KEINE CHANCE...
ABRACADABRA!
NEIN... LIEFERT MICH NICHT AUS! ICH GEBE EUCH AUCH ALL MEIN GELD...
IHR SEID ZU STARK FÜR MICH!
DRÜCKT AUF DEN KNOPF DORT HINTEN RECHTS UND MEIN GELD WIRD EUCH GE-HÖREN...
DIESER KNOPF DA...? SAG SCHON, PFLAUME!
JA, DRÜCK! ER SAGT JA!

GUT GEDRÜCKT JUNGS! SCHAUT MAL ZUM FENSTER RAUS UND RATET WO WIR SIND
?
HIMMELSAKRAMENT..!! WIR FLIEGEN SAMT DEM HAUS ÜBER DEM URWALD, FLAPPO...??
JA! MEINE HERREN... ICH HABE EUCH NUR REIN-GELASSEN, WEIL ICH EUCH BRAUCHEN KANN
ICH WOHNE NUR 6 MONATE IN MÜLLHEIM, DIE ANDERN 6 MONATE ABER AUF DER INSEL WOTUENÖPU. DA ICH DORT KEIN PER-SONAL HABE....
..WERDET IHR EUCH ALSO NÜTZLICH MACHEN, BEIM ABWASCHEN, PUTZEN, KOCHEN, ETC... DAS HEISST ETWA 18 STUNDEN ARBEIT IM TAG...
UND KEINE WIDERREDE, SONST VERWANDLE ICH EUCH BEIDE IN REGEN-SCHIRME!
FÜNF TAGE SPÄTER....
FLAPPO... ER LÄSST DIR SAGEN, SOBALD DU MIT DER KLOSCHÜSSEL FERTIG BIST, SOLLST DU SOFORT SEIN BETT MACHEN....
BUDDY... ICH HABE EINEN PLAN, UM VON HIER WEGZUKOMMEN!
MEIN PLAN WAR NICHT SCHLECHT... SO ALL-MÄCHTIG IST DIESER ZAUBERER AUCH NICHT!
ES LEBE UNSER DSCHUNGELABEN-TEUER!!

FLAPPO... HAST DU NICHT GESAGT, DER ZAUBERER TAUGE NICHTS...??
HALT DIE SCHNAUZE!
ENDE

BUDDY UND FLAPPO IN: SAUBERE KUMPANEN
ICH FÜHLE MICH ALT, BUDDY... ICH HABE MEINE ALTMODISCHEN THEORIEN SATT
DU HAST RECHT...WIR SIND GENAU DIE TYPEN, DIE SEIT 68 AUF DEM INDIEN-TRIP STECKENGEBLIEBEN SIND...
TJA.. MEIN HELD IST CHE GUEVARA GEBLIEBEN, DER UNERMÜDLICHE KÄMPFER WIDER ALLE UNGERECHTIGKEITEN...
DEINE STIMMUNG IST SCHLECHT, FLAPPO, KOMM, WIR GEHEN ZUM SCHÖNEN MARTIN, DER IST UNBEDINGT IN!!
JA... MEINE LIEBEN. DAS TECHNISCHE ZEITALTER IST DA... MAN MUSS SICH DAMIT ABFINDEN. STÜRZEN WIR UNS DOCH VOLL IN DIE ZUKUNFT FREUNDE!
RICHTIG... DIE ZUKUNFT WIRD ES BRINGEN...
DER SCHÖNE MARTIN HAT UNS HEUTE ABEND ZU SEINER PARTY EINGELADEN...
WIR MÜSSEM WAS ANDERES ANZIEHEN... DIESE ALT-HIPPIEKLUFT WIRD LANGSAM LÄCHERLICH

DIESE OVERALLS WAREN VERDAMMT TEUER, DOCH UM HEUTE DABEI ZU SEIN, DÜRFEN WIR UNS NICHT VOR HOHEN AUSGABEN SCHEUEN
ICH GLAUBE, HEUTEABEND SCHLAGE ICH ZU!
SIEHST DU, NEBEN UNS SEHEN DIE LEUTE AUS, ALS OB SIE IHRE KLAMOTTEN IM GUM IN MOSKAU GEKAUFT HÄTTEN!!
GENAU.. ICH FÜHLE MICH WIE EIN MARSMENSCH AUF DEM ROTEN PLATZ!
ALSO HIER SIND WIR.. KLINGLE BUDDY, UND REIN IN DIE GUTE STUBE...
OK!
SIE KOMMEN.. IST ALLES BEREIT?
DRINNG!
YES.. ICH HABE DAS COMPUTERPROGRAMM VERÄNDERT, WIE ABGESPROCHEN
2

LOCKER.. LOCKER.. DER GANG VON GARRY COOPER UND RAUCHEN WIE ROBERT MIT-CHUM
HI.HI..DIE HABEN SICH DIE ZUKUNFT WAS KOSTEN LASSEN
NEHMT EUCH COCK-TAILS DORT HINTEN!
ZWEI STUNDEN SPÄTER..
SEHEN SIE, LIEBE SUSI, WIE MEIN FREUND MICK JOGGER SAGT: ES IST NICHT LEICHT, IM LEBEN EINE WAHL ZU TREFFEN...
ICH HABE NIE PROBLEME, MICH ZU ENT-SCHEIDEN!!
JA... WIESO??
GANZ EINFACH... ICH BRAUCHE UNSEREN HAUS-COMPUTER!
INTERESSANT... DARF ICH DAS MEINEM FREUND BUDDY VERRATEN?
OK!
BUDDY! KOMM MIT MIR! ICH MUSS DIR ETWAS WAHNSINNIGES ZEIGEN
GUT... BIS SPÄTER, PETRA!
DU KANNST ZUM COM-PUTER GEHEN. DIE ZWEI IDIOTEN SIND JETZT SCHARF DARAUF
SEHR GUT GE-SPIELT SUSI..

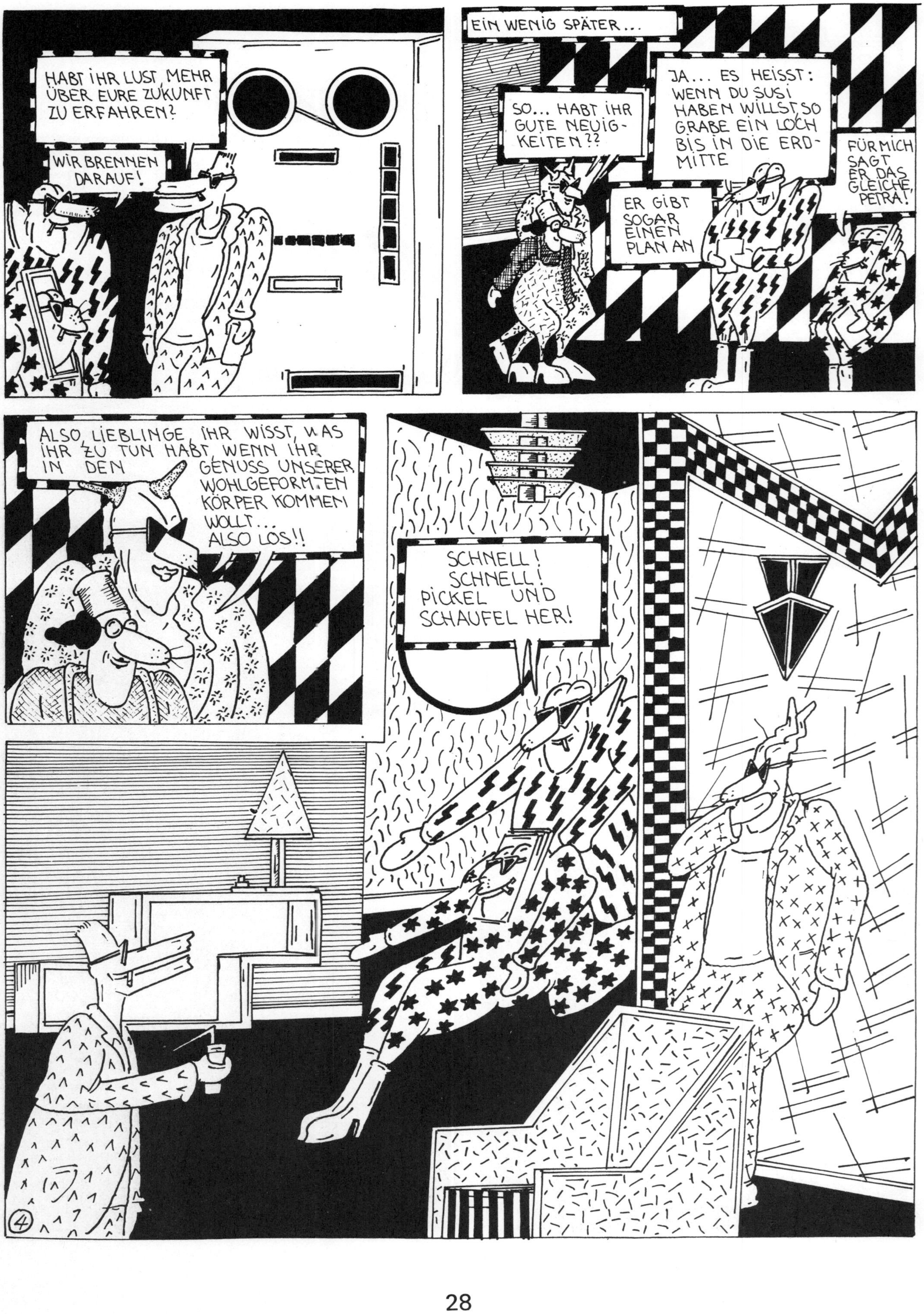

HABT IHR LUST, MEHR ÜBER EURE ZUKUNFT ZU ERFAHREN?
WIR BRENNEN DARAUF!
EIN WENIG SPÄTER...
SO... HABT IHR GUTE NEUIG-KEITEN??
JA... ES HEISST: WENN DU SUSI HABEN WILLST, SO GRABE EIN LOCH BIS IN DIE ERD-MITTE
ER GIBT SOGAR EINEN PLAN AN
FÜR MICH SAGT ER DAS GLEICHE, PETRA!
ALSO, LIEBLINGE, IHR WISST, WAS IHR ZU TUN HABT, WENN IHR IN DEN GENUSS UNSERER WOHLGEFORMTEN KÖRPER KOMMEN WOLLT... ALSO LOS!!
SCHNELL! SCHNELL! PICKEL UND SCHAUFEL HER!
4

FÜR DIE SCHÖNHEIT VON PETRA GRABE ICH BIS NACH AUSTRALIEN...
WAS WERDEN WOHL EDE UND HORST SAGEN, WENN WIR MIT PETRA UND SUSI IN DER KNEIPE AUFKREUZEN?
ZWEI MONATE SPÄTER...
HALLO... GELIEBTE MAULWÜRFE, KOMMT RAUF! WIR HABEN GEBRATENES HUHN FÜR EUCH!
5
DAS IST NETT VON EUCH... ES IST UNGLAUBLICH, ABER NACH DEM PLAN DES COMPUTERS SIND WIR JETZT IM TRESORRAUM EINER BANK GELANDET....
DA SIND MINDES-TENS 100 TRESORS!
PETRA! SCHNELL, HOL FRED, SIE SIND AUF DEN TRESORRAUM GESTOSSEN! GREAT!!
FRED...!! JACK...!! ES IST SOWEIT! SIE HABEN ES GESCHAFFT, WIR SIND IM TRESORRAUM!

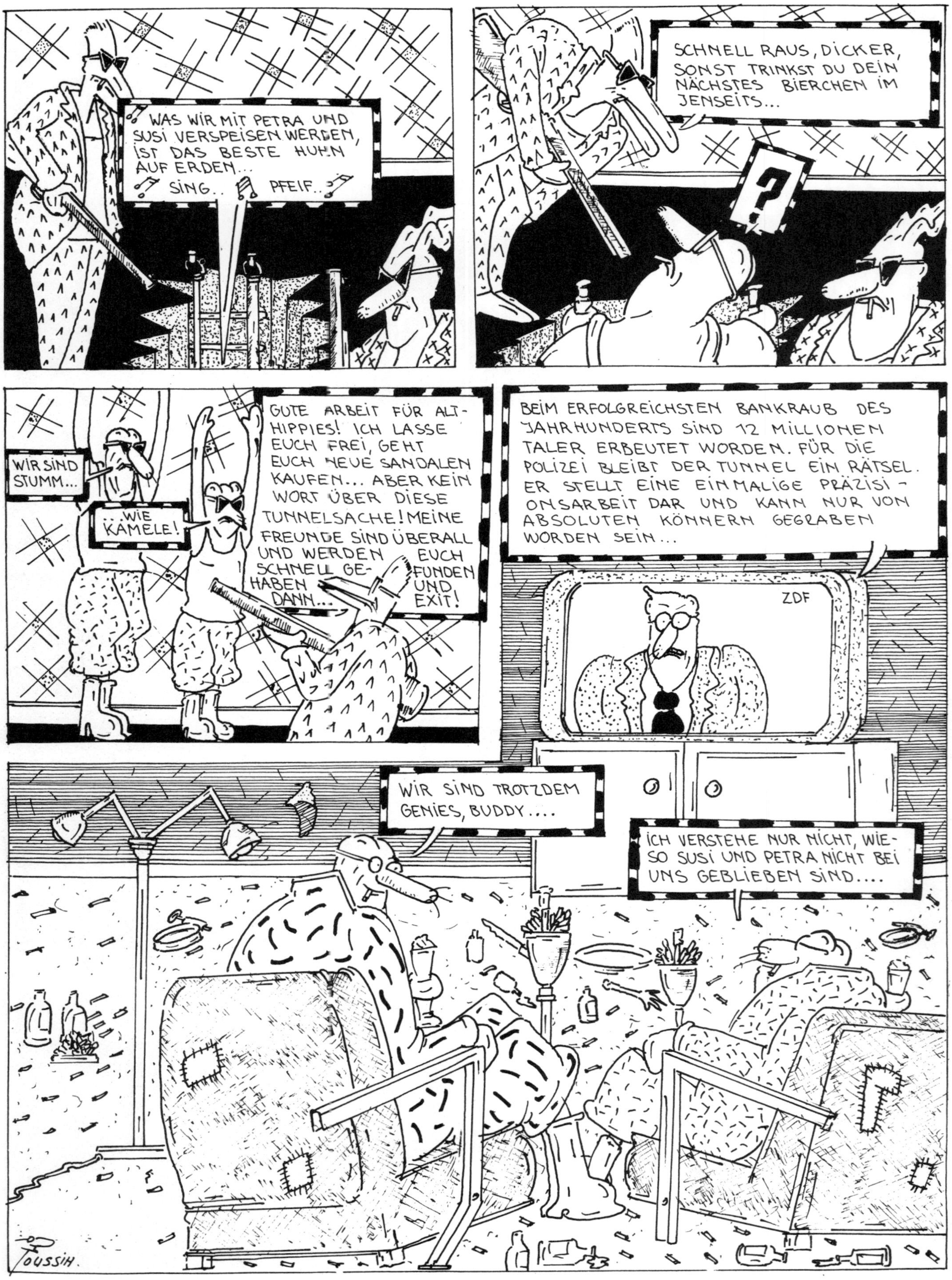
WAS WIR MIT PETRA UND SUSI VERSPEISEN WERDEN, IST DAS BESTE HUHN AUF ERDEN...
SING.. PFEIF..
SCHNELL RAUS, DICKER, SONST TRINKST DU DEIN NÄCHSTES BIERCHEN IM JENSEITS...
?
WIR SIND STUMM...
...WIE KAMELE!
GUTE ARBEIT FÜR ALT-HIPPIES! ICH LASSE EUCH FREI, GEHT EUCH NEUE SANDALEN KAUFEN... ABER KEIN WORT ÜBER DIESE TUNNELSACHE! MEINE FREUNDE SIND ÜBERALL UND WERDEN EUCH SCHNELL GEFUNDEN HABEN UND DANN... EXIT!
BEIM ERFOLGREICHSTEN BANKRAUB DES JAHRHUNDERTS SIND 12 MILLIONEN TALER ERBEUTET WORDEN. FÜR DIE POLIZEI BLEIBT DER TUNNEL EIN RÄTSEL. ER STELLT EINE EINMALIGE PRÄZISIONSARBEIT DAR UND KANN NUR VON ABSOLUTEN KÖNNERN GEGRABEN WORDEN SEIN...
ZDF
WIR SIND TROTZDEM GENIES, BUDDY....
ICH VERSTEHE NUR NICHT, WIESO SUSI UND PETRA NICHT BEI UNS GEBLIEBEN SIND....
TOUSSIH.

BUDDY UND FLAPPO BRECHEN AUS
ICH HABE ES SATT IN DIESEN FELDERN EINGESCHLOSSEN ZU SEIN!
HE, ICH HABE EINE IDEE UM AUSZUBRECHEN
WO GEHEN WIR HIN....? WIR SIND SCHON ÜBER 1 STUNDE UNTERWEGS
DAS WANDERN IST DES MÜLLERS LUST.....
SCHAU, DORT OBEN! EIN LOCH IM RAHMEN!
DU BIST UNBEZAHLBAR, BUDDY, ECHT SPITZE
WAS SIEHST DU??
GENIAL- ALLES LEER, ALLES REIN NICHTS...!
KOMM RÜBER, WIR SPRINGEN INS LEERE

ES IST WUNDERBAR! ICH FÜHLE MICH WIEDER WIE EIN KIND....
KEINE GRENZEN MEHR, WIR SIND AUSSER KONTROLLE...
ACHTUNG! JUMBO IM ANFLUG
YUPI!
HU! DIE FREIHEIT GIBT DURST. ICH BIN VOLLSTÄNDIG ERSCHÖPFT
DU WEISST, HIER GIBT'S NICHTS
IN DER LEERE MUSS ES DOCH EINE KNEIPE GEBEN! KOMM..
GLAUBST DU?
WER WEISS, VIELLEICHT SIND HIER DIE OZEANE GEFÜLLT MIT BIER, DIE SEEN MIT CHIANTI UND DIE FLÜSSE MIT CHIVAS?
UND DIE AUTOBAHNEN SIND RIESIGE CURRYWÜRSTE - MIAM! MIAM!
ICH KRIEGE LANGSAM ANGST, BUDDY...
UNSERE WELT WAR VERRÜCKT, DOCH KNEIPEN HATTE ES MEHR ALS GENUG
DURST!
SCHAU! DORT! EIN PUNKT
ES SIEHT EHER WIE EIN KREIS AUS
DU HAST RECHT, ES IST EIN KREIS
GEHEN WIR HINEIN!!
2

FINDEST DU ES NICHT AUCH BLÖD, EIN FELD ZU VERLASSEN, UM IN EINEN KREIS EINZUTRETEN?
OHNE KREIS KEIN PREIS! HI HI HI HI
DORT HAT ES EINEN DURCH-GANG
HE, SCHAU! EINE TÜR!
ES KÖNNTE EINE KNEIPE SEIN
KRUZITÜRK, ES IST VOLL LEUTE!!
LOS, HINEIN!
GUTEN TAG HERR-SCHAFTEN
GUTEN TAG HERRSCHAFTEN
GUTEN TAG MEINE HERREN
GUTEN TAG
GUTEN TAG HERRSCHAFTEN. ZUERST GRATULIERE ICH IHNEN ZUR GLÜCKLICHEN FLUCHT AUS DER ALTEN, DEKADENTEN WELT....
EMPFANG
DIE LEUTE HIER SIND WIE SIE AUS DER WELT DES PROFITS GEFLÜCHTET, UM HIER IN DER WELT DER GLÜCKLICHEN ZU LEBEN. SELBSTVERSTÄNDLICH HABEN WIR EINIGE REGELN, DIE ES ZU BEACHTEN GILT. WÜRDET IHR LIEBENSWÜRDIGERWEISE EURE ZIGARETTEN AUSDRÜCKEN!?
EMPFANG
SO, NUN GEHTS ZUM GROSSEN UPERISATOR – IHR STINKT ZUM HIMMEL!

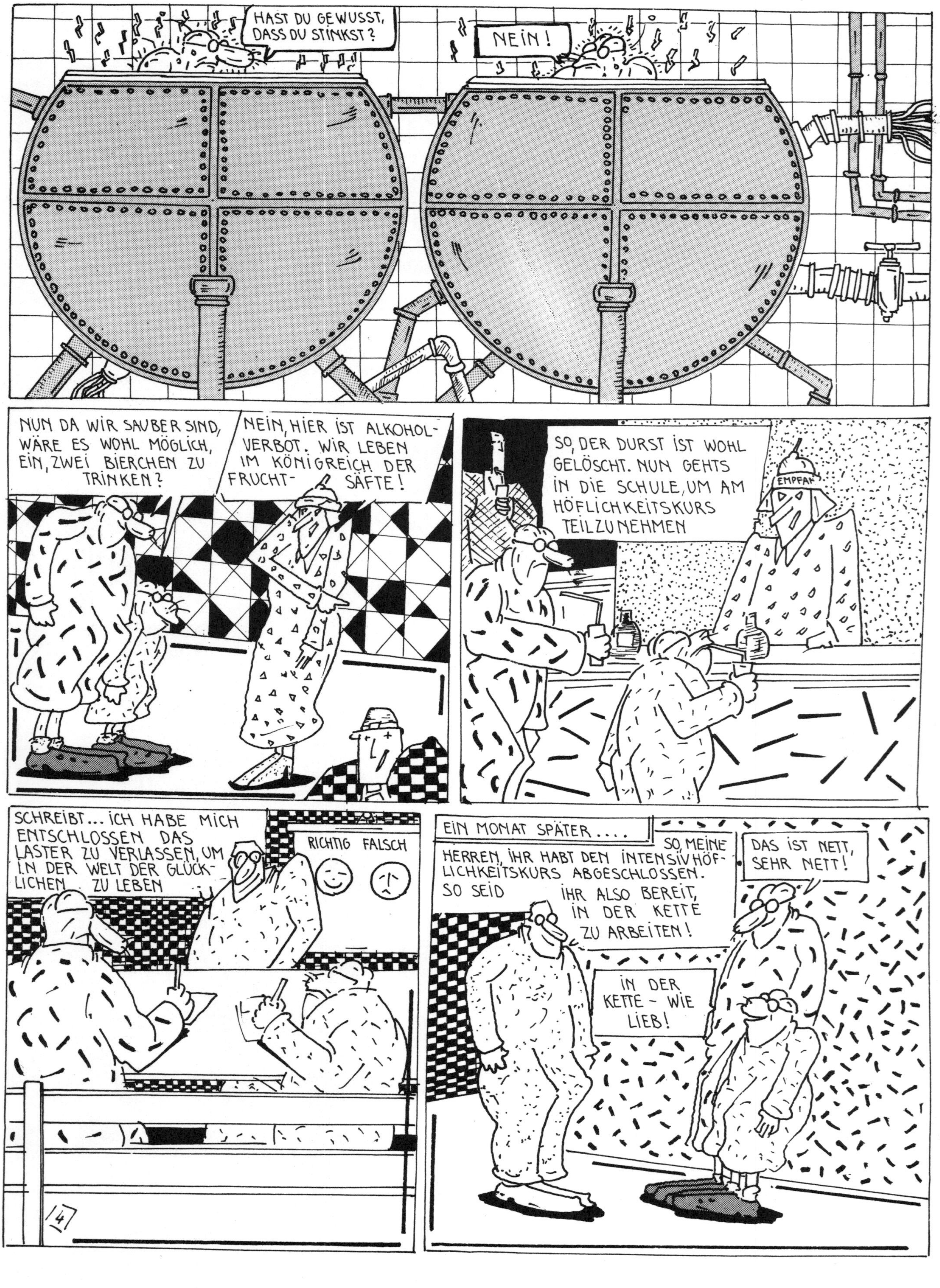
HAST DU GEWUSST, DASS DU STINKST?
NEIN!
NUN DA WIR SAUBER SIND, WÄRE ES WOHL MÖGLICH, EIN, ZWEI BIERCHEN ZU TRINKEN?
NEIN, HIER IST ALKOHOLVERBOT. WIR LEBEN IM KÖNIGREICH DER FRUCHT-SÄFTE!
SO, DER DURST IST WOHL GELÖSCHT. NUN GEHTS IN DIE SCHULE, UM AM HÖFLICHKEITSKURS TEILZUNEHMEN
EMPFAN
SCHREIBT... ICH HABE MICH ENTSCHLOSSEN DAS LASTER ZU VERLASSEN, UM IN DER WELT DER GLÜCKLICHEN ZU LEBEN
RICHTIG
FALSCH
4
EIN MONAT SPÄTER....
SO, MEINE HERREN, IHR HABT DEN INTENSIVHÖFLICHKEITSKURS ABGESCHLOSSEN. SO SEID IHR ALSO BEREIT, IN DER KETTE ZU ARBEITEN!
DAS IST NETT, SEHR NETT!
IN DER KETTE - WIE LIEB!

IM LAND DER GLÜCHLICKEN SIND AUTOS WEGEN DER LUFTVERSCHMUTZUNG VERBOTEN. GÜTERTRANSPORTE SIND DARUM AUF DIE MENSCHLICHE KETTE ANGEWIESEN...
HIER IST DAS PAKET
OH! WIE LIEB
HIER IST DAS PAKET
OH! WIE LIEB
HIER IST DAS PAKET
OH! WIE NETT
HIER IST DAS PAKET
OH! WIE LIEB
HIER IST DAS PAKET
OH! WIE NETT
ES IST 19 UHR, LIEBE LEUTE. ES IST ZEIT ZUM ESSEN. HEUTE GIBT ES EINEN SEHR LIEBENSWÜRDIGEN SALAT. ICH ERINNERE DARAN, DASS EVENTUELL GEFUNDENE SCHNECKEN NICHT VERSPEIST WERDEN DÜRFEN. FLEISCHESSEN IST EINE SÜNDE GEGENÜBER DER MENSCHHEIT!
UND VERGESST NICHT, HEUTE IST SAMSTAG! IHR DÜRFT DIE KERZEN IN DEN SCHLAFSÄLEN BIS UM 9 UHR BRENNEN LASSEN
BIS 9 UHR? OH, DAS IST LIEB!
BUDDY, LÄCHLE WEITER, TU ALS OB! WIR MÜSSEN VON HIER SO BALD ALS MÖGLICH VERSCHWINDEN
DAS IST LIEB, MIR DAS ZU SAGEN
HE, JUNGS, WISST IHR DAS NEUSTE: AM SONNTAG DÜRFEN WIR 3 MINUTEN MIT DEM FRAUENLAGER DISKUTIEREN, LIEB WAS!
WELCHES GLÜCK. 3 MINUTEN! DAS IST LIEB
BUDDY, WIR ZIEHEN LEINE HEUTE NACHT
OK!

BUDDY UND FLAPPO GELINGT ES, AUS DEM SCHLAFSAAL ZU ENTWEICHEN UND DIE TÜR, DIE DIE WELT DER GLÜCKLICHEN VON DER ANDERN TRENNT, ZU ERREICHEN. EIN KLEINES PROBLEM MIT EINEM WÄCHTER, DER NACH DEM FEHLENDEN LÄCHELN FRAGT, LÖST BUDDY AUF SEHR NETTE ART....
NIMM DAS, DU DICKES SCHWEIN!!
SOCK
JEANINE
WÄHREND DER DURCHQUERUNG DER REINHEIT...
IMMER NOCH KEINE KNEIPE HIER
GEDULD...WIR SIND BALD DORT...
SCHAU, BUDDY, WIE HIER DAS LEBEN SCHÖN IST. ES STINKT, DIE LEUTE SIND STUMPF ODER BÖSARTIG, DIE LUFT IST VERSCHMUTZT, ABER MICH FREUTS...
DARAUF MÜSSEN WIR ANSTOSSEN!
BAR
SCHNELLER OSKAR!
TOUFIN

ALOYS

ICH HABE EINE IDEE
UND GENAUSO IST ES GEWESEN. AN EINEM FRÜHEN ABEND AN DER BAR, GENAU UM 18.45:
DAS WAR DIE GEBURTSSTUNDE DER SAGENHAFTEN ROCKBAND VON QUICKETTE UND FLUPKETTE
OHNE ZWEIFEL EIN GUTE IDEE
ABER WO NEHMEN WIR DIE MUSIKER HER, FLUPKETTE?
QUICKETTE & FLUPKETTE
FANNO IL ROCK!
VON ALOYS
HERR OBER, EINEN SCHWARZTEE, BITTE
IHR TEE, HERR BELUTSCHI
DANKE
GEORGIE BELUTSCHI DER SAGENHAFTE DRUMMER DER 50ER JAHRE!
???
DA LIEGT EINE VERWECHSLUNG VOR
NICHT ZU BESCHEIDEN, WIR HABEN SIE ERKANNT
JE SUIS TRÈS ÉMUE
OH! ER IST SO SCHÖN WIE AUF DEN FOTOS
KENNEN SIE ALLE RIFFS VON J. WALKER?
HABEN SIE TATSÄCHLICH ACHT FRAUEN?
SLRP SLRP
NEHMEN SIE NOCH EINEN SCHWARZTEE?
EIN BIER?
GEORGIE! WOLLEN SIE IN UNSERER ROCKBAND MITSPIELEN, JA ODER NEIN?
ICH KONNTE NOCH NIE NEIN SAGEN
KLASSE
SUPER
SPITZE
DAS IST NICHT ALLES, ES FEHLT UNS EIN BASSIST, DER SINGEN KANN
1

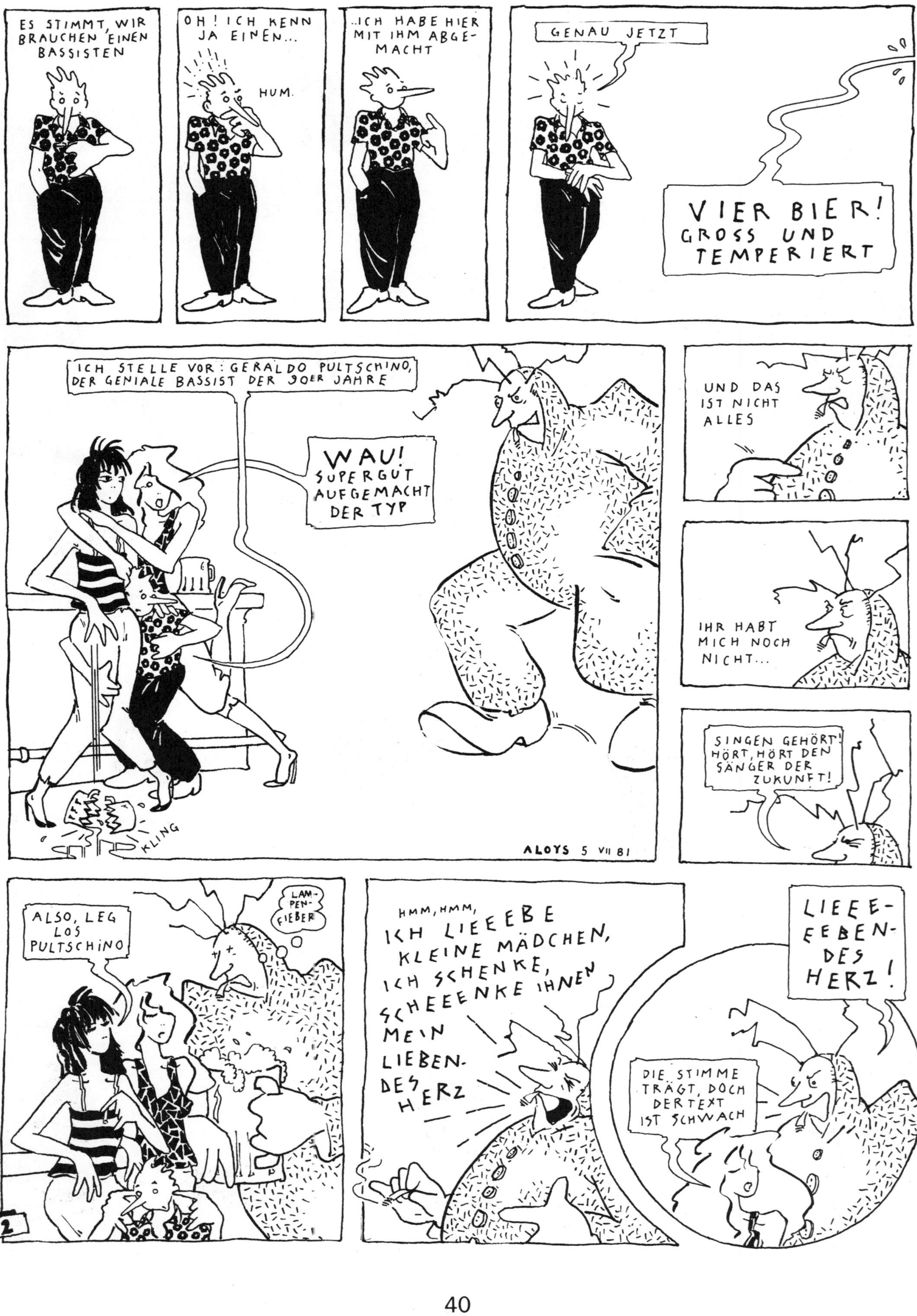
ES STIMMT, WIR BRAUCHEN EINEN BASSISTEN
OH! ICH KENN JA EINEN...
HUM.
..ICH HABE HIER MIT IHM ABGEMACHT
GENAU JETZT
VIER BIER! GROSS UND TEMPERIERT
ICH STELLE VOR: GERALDO PULTSCHINO, DER GENIALE BASSIST DER 90ER JAHRE
WAU! SUPERGUT AUFGEMACHT DER TYP
KLING
ALOYS 5 VII 81
UND DAS IST NICHT ALLES
IHR HABT MICH NOCH NICHT...
SINGEN GEHÖRT! HÖRT, HÖRT DEN SÄNGER DER ZUKUNFT!
ALSO, LEG LOS PULTSCHINO
LAMPENFIEBER
2
HMM, HMM,
ICH LIEEEBE KLEINE MÄDCHEN, ICH SCHENKE, SCHEEENKE IHNEN MEIN LIEBENDES HERZ
LIEEEEEBENDES HERZ!
DIE STIMME TRÄGT, DOCH DER TEXT IST SCHWACH

DER TEXT IST NICHT NUR SCHWACH...
..SONDERN NULL! ER TAUGT NICHTS, JAWOHL
BÖS
RICHTIG BLÖD, KAPUTT UND SCHLEIMIG
SEHR BÖS
FLÜGELMUTTER, EINZELLER
PAF
WAS SIND DENN DAS FÜR BEZIEHUNGEN, GEORGIE?
WIESO?
VERGISS ES FLUPKETTE
WIR WERDEN ANDERE TEXTE FINDEN
OHNE SEIN AUSSEHEN HÄTTE ICH IHN FALLEN LASSEN
FÜNFZEHN TAGE SPÄTER
AUF DER TOILETTE STELLTE DER FETTE
FEST, DASS SEINE ABGESEILTEN
DIE IN DIE TIEFE PFEILTEN
EINEN GROSSEN GESTANK VERBREITEN
ALOYS
BLÖDIAN
KUH
AFFE
GIB RUH
SCHNAUZE
KRÖTE
GEMEINER HUND
HALT DEN MUND
WIR BRAUCHEN EINEN AUFTRITT. ES IST SOWEIT
3

ES WURDE EIN ERFOLG
SUPER
ORE
YEAH
YEAH
ZUGABE
JA, RICHTIG
SUPER
TRÄNEN DER RÜHRUNG
4

DREI JAHRE SPÄTER, NACH DREI LPs, ZWEI WELTOURNEEN, IST DER ERFOLG DER BAND VON QUICKETT & FLUPKETTE SCHLICHT UNERMESSLICH
ABER UNSERE HELDEN SIND TROTZDEM DIE ALTEN GEBLIEBEN
ES IST ERSTAUNLICH! TROTZ DES ÜBERWÄLTIGEN-DEN ERFOLGES SIND WIR UNS SELBST GEBLIEBEN
JA, WIR SIND SO BESCHEIDEN GEBLIEBEN
UND ES IST UNS NICHT IN DEN KOPF GESTIEGEN
FLUPKETTE, ICH MUSS ETWAS UNTER VIER AUGEN SAGEN
SOZUSAGEN
DAS IST EIN GUTES BEISPIEL FÜR DIE JUGEND
ICH LIEBE SIE, FLUPKETTE
ICH MÖCHTE MIT IHNEN SCHLAFEN
WOLLEN SIE MICH HEIRATEN?
NUR WIR ZWEI
IMMER DIE GLEICHE GE-SCHICHTE
ZU BLÖD
BÄÄÄÄ
MH?
SIE FLIEGEN RAUS, PULTSCHINO
GEORGIE BELUTSCHI:
UND ICH, MUSS ICH AUCH GEHEN?
WIE SIE WOLLEN, GEORGIE
ALLES HAT EINMAL EIN ENDE
VIELLEICHT IST ES BESSER SO?
aloys
EINE ROCKBAND MEHR, DIE WEGEN BETTGESCHICHTEN AUSEINANDERFLIEGT
WIR MACHEN ETWAS ANDERES
KRICKETTSPIELEN, TUL-PEN SETZEN, IRGENDWAS
ICH HABS' QUICKETTE
EIN ANDERES MAL, FLU, EIN ANDERES MAL
DER VERLEGER WILL EINE NEUE GESCHICHTE
5 VII 81
5

Quickette & Flupkette:

Wo ist Liebe?

Ende

Quickette zieht sich an

DIESE ZARTEN STOFFE SIND DOCH ANGENEHM, ODER?
DIE IST WOHL GAGA...
HÜBSCH, NICHT?
TUT MIR LEID, FLUPKETTE, ABER HEUTE FINDE ICH DICH KINDISCH
TOTAL KINDISCH...
ICH! FLUPKETTE? KINDISCH? DU SPINNST WOHL
SAG DAS NOCHMALS, HE PUPPE!
GESUNDE REAKTION, ZUM GLÜCK
DU WILLST WOH KINDLICHKEIT SPÜREN.
GR.
PASS AUF, SCHÖNES KIND!
NIMM DAS, ARMES KALB! !!
VACHEMENT SAINE
UND DAS DA, BLÖDE GANS!
VIEL ZU GESUND
APPENZELLER!
ICH FÜHLE MICH SCHON BESSER SO
SCHLIESSEN WIR FRIEDEN
Ja
DER FEIND LIEGT ANDERSWO
par ALOYS 27-1-81

Ende

Quickette & Flupkette:

Zwei moderne Mädchen

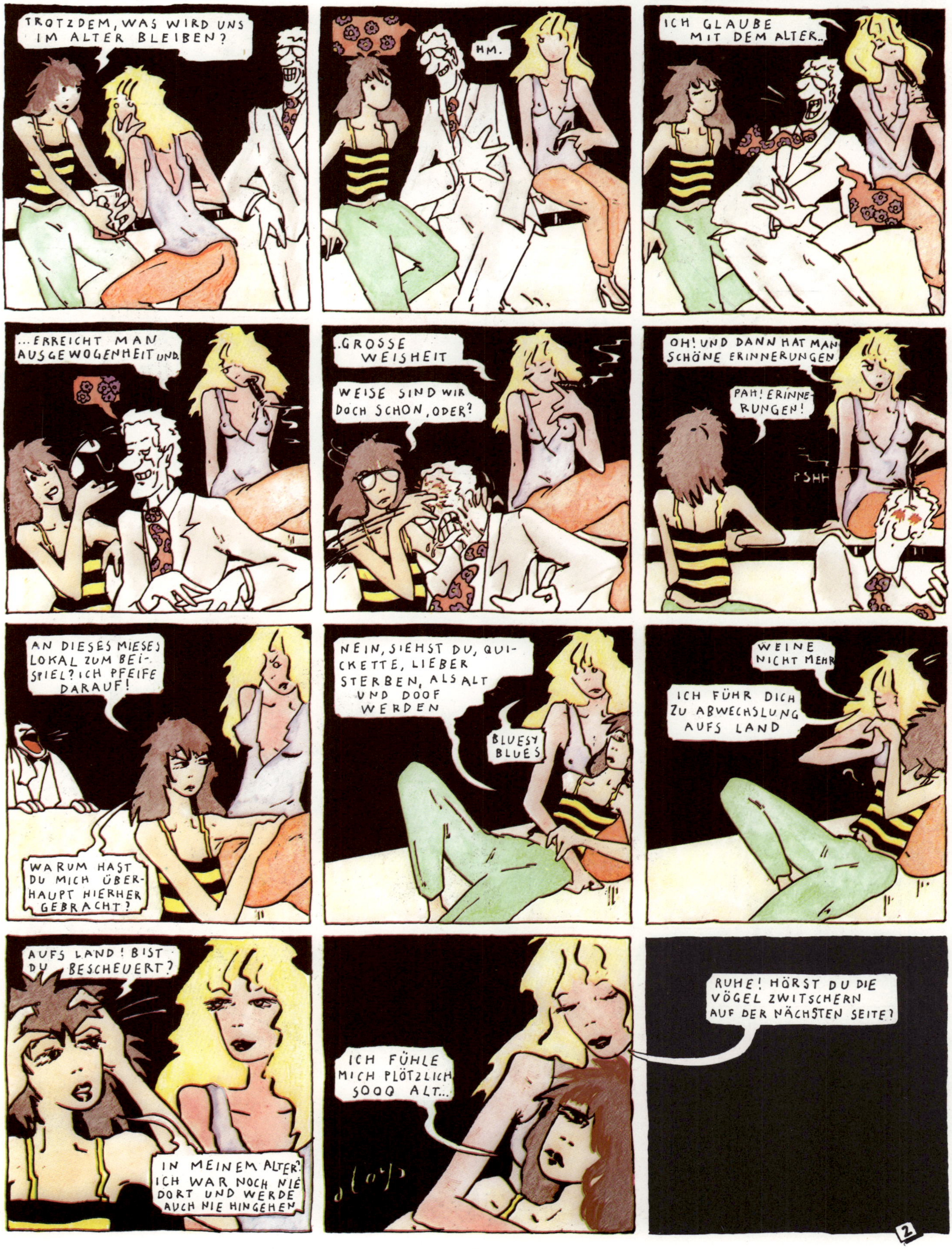

Auf dem Lande:

INTERESSANT! MAN LERNT IMMER WIEDER DAZU
ICH KANN ES NICHT RECHT FASSEN
UND DORT SIEHST DU EINE KUH
DANKE FÜR DEN TIP. DOCH DIE HABE ICH ERKANNT. GANZ BLÖDE BIN ICH NICHT...
HÖR ZU, QUICKETTE! ES IST SEHR HÜBSCH HIER, WIRKLICH
DIE BLAUEN BERGE, DIE ROSAROTEN SCHMETTERLINGE...
...ICH VERSTEHE DEINE GEFÜHLE
DOCH ICH KANN KAUM ATMEN...
...IN DIESER UNERTRÄGLICHEN STILLE
BLÖDE NUDEL!
15
9
13
16
14
10
11
12
17
...ICH FÜHLE MICH GANZ VERLASSEN
DAZU DIESE FRISCHE LUFT...
DAS IST ES!
DIR FEHLT DEIN FLIPPERKASTEN!
MH?
GENAU!
aloys 28 V 81

Ende

QUICKETTE & FLUPKETTE
IN
"Das Geheimnis der weiblichen Seele"
KOMMT REIN MÄDELS, DER FLIPPER IST FREI
HEREIN, HEREIN ES WIRD LUSTIG SEIN
ALOYS
TOM!
JA MEISTER
AUFSTEHEN, MEIN JUNGER FREUND, WIR HABEN ZU TUN HEUTE
ABER, MEISTER, ES IST ERST FÜNF UHR FRÜH
HEUTE WOLLEN WIR DAS GEHEIMNIS DER WEIBLICHEN SEELE LÜFTEN
ALSO...
...ABER WIR SIND DOCH DETEKTIVE, MEISTER, KEINE METAPHYSIKER!
UND WER WIRD UNS BEZAHLEN
DAS IST NICHT IHR PROBLEM, MEIN LIEBER.
SIE LIEBEN DOCH DIE FRAUEN, TOM?
ICH WERDE DARÜBER NACHDENKEN
HABEN SIE BEMERKT: TROTZ UNSERER GRÖSSEREN HIRNMASSE...
UMPF
TROTZ ALLEN UNSEREN MUSKELN, UNSERER UNVERGLEICHLICHEN, MORALISCHEN...
...KRAFT, SIND SIE UNS ÜBERLEGEN
1

* DEUTSCH IM ORIGINALTEXT

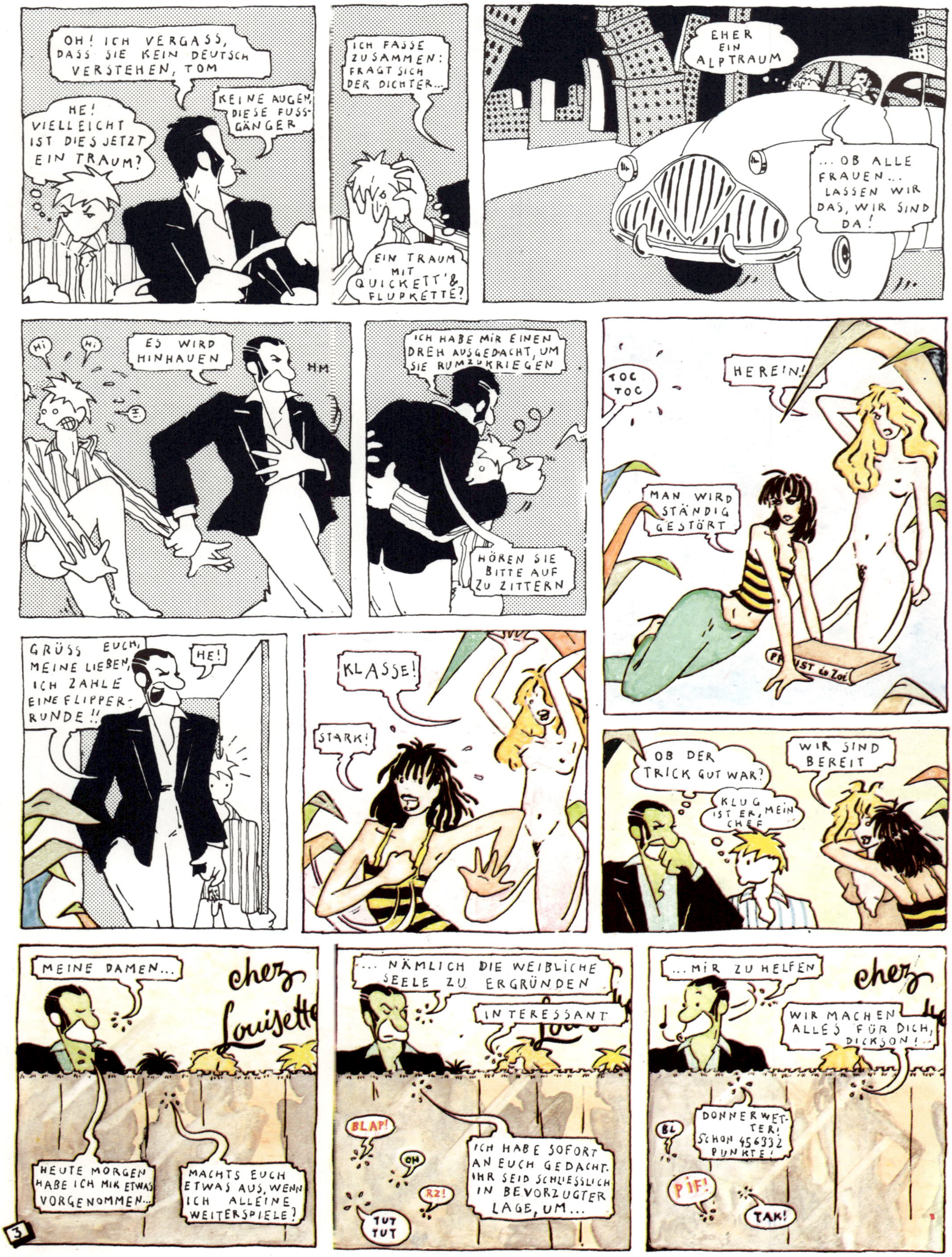
OH! ICH VERGASS, DASS SIE KEIN DEUTSCH VERSTEHEN, TOM
HE! VIELLEICHT IST DIES JETZT EIN TRAUM?
KEINE AUGEN, DIESE FUSSGÄNGER
ICH FASSE ZUSAMMEN: FRAGT SICH DER DICHTER...
EIN TRAUM MIT QUICKETT & FLUPKETTE?
EHER EIN ALPTRAUM
...OB ALLE FRAUEN... LASSEN WIR DAS, WIR SIND DA!
HI
HI
ES WIRD HINHAUEN
HM
ICH HABE MIR EINEN DREH AUSGEDACHT, UM SIE RUMZUKRIEGEN
HÖREN SIE BITTE AUF ZU ZITTERN
TOC TOC
HEREIN!
MAN WIRD STÄNDIG GESTÖRT
GRÜSS EUCH, MEINE LIEBEN, ICH ZAHLE EINE FLIPPERRUNDE!!
HE!
KLASSE!
STARK!
OB DER TRICK GUT WAR?
KLUG IST ER, MEIN CHEF
WIR SIND BEREIT
MEINE DAMEN...
chez Louisette
HEUTE MORGEN HABE ICH MIR ETWAS VORGENOMMEN...
MACHTS EUCH ETWAS AUS, WENN ICH ALLEINE WEITERSPIELE?
3
...NÄMLICH DIE WEIBLICHE SEELE ZU ERGRÜNDEN
INTERESSANT
BLAP!
OH
RZ!
TUT TUT
ICH HABE SOFORT AN EUCH GEDACHT. IHR SEID SCHLIESSLICH IN BEVORZUGTER LAGE, UM...
...MIR ZU HELFEN
chez
WIR MACHEN ALLES FÜR DICH, DICKSON!
DONNERWETTER! SCHON 456332 PUNKTE!
BL
PIF!
TAK!

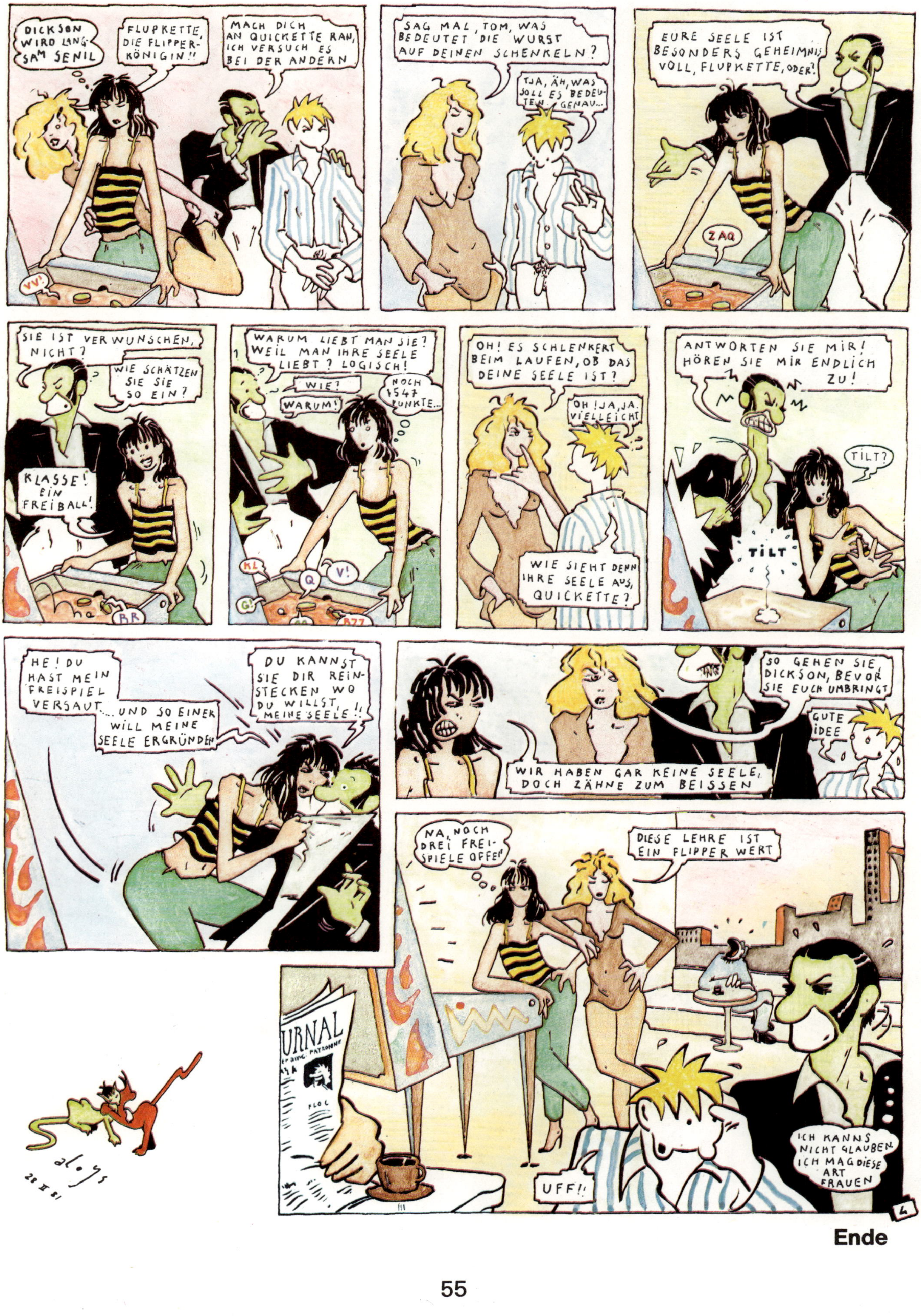
DICKSON WIRD LANGSAM SENIL
FLUPKETTE, DIE FLIPPER-KÖNIGIN!!
MACH DICH AN QUICKETTE RAN, ICH VERSUCH ES BEI DER ANDERN
VV!
SAG MAL, TOM, WAS BEDEUTET DIE WURST AUF DEINEN SCHENKELN?
TJA, ÄH, WAS SOLL ES BEDEUTEN GENAU...
EURE SEELE IST BESONDERS GEHEIMNISVOLL, FLUPKETTE, ODER?
ZAQ
SIE IST VERWUNSCHEN, NICHT?
WIE SCHÄTZEN SIE SIE SO EIN?
KLASSE! EIN FREIBALL!
BR
WARUM LIEBT MAN SIE? WEIL MAN IHRE SEELE LIEBT? LOGISCH!
WIE?
WARUM!
NOCH 1547 PUNKTE...
KL
Q
V!
G!
BZZ
OH! ES SCHLENKERT BEIM LAUFEN, OB DAS DEINE SEELE IST?
OH! JA, JA. VIELLEICHT
WIE SIEHT DENN IHRE SEELE AUS, QUICKETTE?
ANTWORTEN SIE MIR! HÖREN SIE MIR ENDLICH ZU!
TILT?
TILT
HE! DU HAST MEIN FREISPIEL VERSAUT...
...UND SO EINER WILL MEINE SEELE ERGRÜNDEN
DU KANNST SIE DIR REINSTECKEN WO DU WILLST, MEINE SEELE!!
SO GEHEN SIE DICKSON, BEVOR SIE EUCH UMBRINGT
GUTE IDEE
WIR HABEN GAR KEINE SEELE, DOCH ZÄHNE ZUM BEISSEN
NA, NOCH DREI FREISPIELE OFFEN
DIESE LEHRE IST EIN FLIPPER WERT
URNAL
UFF!!
ICH KANNS NICHT GLAUBEN. ICH MAG DIESE ART FRAUEN
4
aloys
28 II 81

Ende

QUICKETT & FLUPKETTE
IN DER SCHÖNEN SCHWEIZ
HÖR ZU, FLUPKETTE!
GÄHN
DONNER BLITZ UND HAGEL! SIND SIE HÜBSCH!
ES IST WIRKLICH SCHÖN HIER, WO ALLE PARTEIEN, MIT DEN SOZIS, DIE REGIERUNG BILDEN
DAS KANN NICHT WAHR SEIN!
C'EST UN SCANDALE
KOLLEGIALSYSTEM HEISST DAS, BIRNENWEICH!
C'EST INSENSÉ
MALT
ICH GLAUBE, ICH TRÄUME
TJA
SING UNS DOCH ETWAS VOR. GÄBE EIN BISSCHEN STIMMUNG HIER
WIRKLICH SEHR HÜBSCH
IST HIER NOCH EIN PLATZ FREI?
ALSO! ICH BIN EIN WELTBERÜHMTER SCHWEIZER JUNGFILMER UND LIEGE GENAU...
..IM TREND. IHR GEFÄLLT MIR AUSSERORDENTLICH. WOLLT IHR IN MEINEM NÄCHSTEN FILM MITSPIELEN?
HÄ?
ZUERST MÜSSEN WIR EINEN KLEINEN TEST MACHEN
DAS MACHT SPASS
NEIN?
IMMERHIN! DAS FRAUENANMACHEN WEIST EIN GEWISSES NIVEAU AUF, HIER, NICHT WAHR, QUICKETTE?
ICH... ICH HABE VERSAGT
ENTSCHULDIGUNG.. ES IST ZEIT ICH MUSS ZUR MÄNNERCHORPROBE
IM GEGENSATZ DAZU SCHMECKT MIR DER WEISSWEIN
ALLES LANGWEILER HIER
GEHEN WIR! DER WEISSWEIN MACHT DICH AGRESSIV
KENNST DU DEN UNTERSCHIED ZWISCHEN EINEM FETTEN BANKIER UND DEN KLEINEN VÖGELN?
BIEN SÛR!

* IM WESENTLICHEN SUCHEN QUICKETTE UND FLUPKETTE DIE LIEBE

Ende

POUSSIN

Vorname Gérard, am 13. August 1946 in Carouge bei Genf geboren, wo er noch heute wohnt und arbeitet. Er war zuerst Heizungsmonteur, bis er mit zwanzig Jahren als Autodidakt zu zeichnen begann. Die beschränkten Publikationsmöglichkeiten in der Westschweiz zwangen ihn, wie viele andere, sein Glück in Paris zu versuchen, wo ihm 1973 mit der Annahme seiner Zeichnungen durch Charlie Mensuel, einer Comixzeitschrift für Erwachsene, der Durchbruch gelang: Nun folgten Veröffentlichungen in Libération, Echo des Savannes, A Suivre, Pardon usw. und Ausstellungen in Genf, Paris und Japan.
Nebst seinen Bildergeschichten fertigte er auch mehrere Zeichentrickfilme an, die an Festivals in Cannes, Zagreb und New York gezeigt wurden. Für ein Zeichentrickfilmprojekt bekam er 1977 ein eidgenössisches Kunststipendium. 1976 hatte er von der Stadt Genf für sein Gesamtwerk ein Stipendium für einen halbjährigen Aufenthalt in der Cité des Arts in Paris erhalten. Zur Zeit erarbeitet Poussin ein Theaterstück, das im Herbst 1982 in Genf uraufgeführt wird.
Als Comixzeichner ist Poussin sehr schwer einzuordnen. Am ehesten kann man seine phantasievollen Kreaturen als lustig bezeichnen. Seine Antihelden, obwohl sehr eigenwillig und stilistisch unverkennbar gezeichnet, sind direkt aus dem Leben gegriffen und zeugen von einer feinen Beobachtungsgabe.

ALOYS

als Yves Robellaz am 11. März 1953 in Genf geboren, wohnt und arbeitet wie Poussin in Carouge. Sie sind befreundet, und es kann gut vorkommen, dass sich eine Figur Aloys' in Poussins Geschichten verirrt und umgekehrt...
Nach einem abgebrochenen Phil I Studium arbeitete Aloys zuerst als Korrektor, bis er 1980 sich dank Charlie Mensuel, wie Poussin übrigens, voll dem Zeichnen widmen konnte. Mit zwei Kollegen eröffnete er darauf ein Grafikatelier, das nebst seinen Bildergeschichten auch das Titelblatt von «Tout Va Bien», Genf, gestaltet und Plakate und Werbeaufträge ausführt. Ab Herbst 1982 arbeitet Aloys in der Cité des Arts in Paris, wo ihm die Stadt Genf für ein Jahr ein Atelier zur freien Verfügung gestellt hat.
Als grosser Bewunderer Hergés, dem Erfinder von Tintin (deutsch: Tim) und Quick et Flupk, zwei Lausebengeln aus Brüssel, hat Aloys seine Hauptfiguren Quickette und Flupkette benannt. Sie stellen moderne, junge Mädchen dar, die in Begleitung von allerlei Figuren wie Popeye und Krazy Kat verzwickte Abenteuer bestehen, die aber lange nicht so klarlinig und logisch verlaufen wie Tims Abenteuer. Auch der frische und lockere Strich seiner Zeichnungen ist weit von der sogenannten belgischen Schule Hergés entfernt und zeugt vielmehr vom Einfluss George Herrimans, der 1910 mit Krazy Kat in den USA den ersten intellektuellen Comix veröffentlichte.

1982: 1. Auflage
ISBN: 3-907010-04-3
Übersetzung/Lettrage: D. Basler, R. Bonomo
Gesamtherstellung: D'Drucki, Aarau
Grosszügige finanzielle Unterstützung: Mäx